BEI GRIN MACHT SI
WISSEN BEZAHLT

- Wir veröffentlichen Ihre Hausarbeit,
  Bachelor- und Masterarbeit

- Ihr eigenes eBook und Buch -
  weltweit in allen wichtigen Shops

- Verdienen Sie an jedem Verkauf

Jetzt bei www.GRIN.com hochladen und kostenlos publizieren

Kathrin Mütze

Frühkindlicher Autismus: Skizze einer Störung

Welche pädagogische Förderung kann zur Erleichterung im Alltag beitragen?

GRIN Verlag

Bibliografische Information der Deutschen Nationalbibliothek:

Die Deutsche Bibliothek verzeichnet diese Publikation in der Deutschen National-
bibliografie; detaillierte bibliografische Daten sind im Internet über http://dnb.d-
nb.de/ abrufbar.

Impressum:

Copyright © 2009 GRIN Verlag GmbH
Druck und Bindung: Books on Demand GmbH, Norderstedt Germany
ISBN: 978-3-656-59603-5

Dieses Buch bei GRIN:

http://www.grin.com/de/e-book/268535/fruehkindlicher-autismus-skizze-einer-
stoerung

Philipps-Universität Marburg
Fachbereich Erziehungswissenschaften
Institut für Erziehungswissenschaft

Modul B5:
Einführung in die Sozial- und Rehabilitationspädagogik

Seminar:
Bewältigungsprozesse in Familien mit einem behinderten Kind

Hausarbeit zum Thema

Frühkindlicher Autismus – Skizze einer Störung. Welche pädagogische Förderung kann zur Erleichterung im Alltag beitragen?

Kathrin Mütze

Abgabedatum: 30. September 2009

Inhaltsverzeichnis

1. Einleitung

„Wollen wir ein autistisches Kind verstehen, so müssen wir von vielem absehen, was uns aus der Erfahrung mit anderen Kindern vertraut ist."[1]

Was ist das Andere, das Besondere an Kindern, bei denen „frühkindlicher Autismus" diagnostiziert wurde? Haben sie überhaupt eine Chance in unserer Gesellschaft zu bestehen, sich zurechtzufinden? Diese und ähnlich Fragen haben mich schon lange im Zusammenhang mit dem Kanner-Syndrom beschäftigt. Als ich im Rahmen des Moduls B5 an einem Seminar teilgenommen habe, in dem „Bewältigungsprozesse in Familien mit einem behinderten Kind" thematisiert wurden, eröffnete sich für mich noch ein anderer Zugang zu diesem Themengebiet: Nicht nur das Kind, das eine Behinderung und im Falle meiner Arbeit eine Entwicklungsstörung hat, wird in der Gesellschaft kritischen Blicken ausgesetzt und gemieden– auch die Familie muss sich auf eine neue Lebensweise einstellen, sich auf häufig nicht ausbleibende Vorwürfe von außen gefasst machen[2], ihre Ressourcen koordinieren und nicht selten mit Selbstzweifeln und Erschöpfungsgefühlen kämpfen.

Welche pädagogische Förderung kann dem Kind mit frühkindlichem Autismus einerseits zu mehr Selbstständigkeit und Sicherheit verhelfen und somit andererseits für die Familie eine Unterstützung und Erleichterung im Alltag darstellen? Diese Frage möchte ich im Folgenden erörtern, indem Beeinträchtigungen und auffällige Verhaltensweisen, aber auch Fähigkeiten und Besonderheiten im Umgang und im Lernen bei Kindern mit Kanner-Syndrom skizziert werden, an denen eine pädagogische Förderung möglicherweise ansetzen kann. Bei diesen Darstellungen soll sowohl auf das Bild von frühkindlichem Autismus in der Gesellschaft, als auch auf die Problematiken und Chancen innerhalb der Familie eingegangen werden. Ziel dieser Arbeit soll sein, ein ausreichendes Bild über die Störung zu erhalten, anhand dessen sich die beiden vorgestellten Fördermethoden auf ihre Wirksamkeit zur Erleichterung im Alltag – für Kind und Eltern - beurteilen lassen.

---

[1] Klicpera, C., & Innerhofer, P. (2000). *Die Welt des frühkindlichen Autismus.* München Basel: Ernst Reinhardt Verlag. S. 144.

[2] Vgl. dazu Rollett & Kastner-Koller, 1994, S.2.

Dazu werde ich im ersten Teil meiner Arbeit auf den Kanner-Autismus eingehen. Nachdem ein Überblick über Entdeckung und mögliche Ursachen geliefert wurde, werde ich genauer auf das äußere Erscheinungsbild, die Eigenheiten in der Sprachentwicklung, sowie auf Stereotypien und Besonderheiten in der affektiven und kognitiven Entwicklung eingehen. Diese Skizzierungen sind notwendig, um einen Einblick in die „Welt des frühkindlichen Autismus"[3] zu bekommen und die herausgearbeiteten Besonderheiten im Hinterkopf zu behalten, wenn nun im zweiten Teil dieser Arbeit auf zwei spezielle Fördermethoden eingegangen wird. Ich habe mich zum einen für die Darstellung der umstrittenen Praktik der „Gestützten Kommunikation (FC)", ihre Auswirkungen auf die familiäre Situation und einen Einblick in die aktuellen Kontroversen entschieden. Zum anderen werde ich mich mit dem TEACCH-Ansatz nach Eric Schopler auseinandersetzen, indem ich mich mit der Philosophie und den Zielen und dem „Structured Teaching" als eine der TEACCH-Prinzipien beschäftigen werde. Im Fazit werde ich die beiden vorgestellten (Förder)Methoden[4] vor dem Hintergrund der im ersten Teil erarbeiteten Besonderheiten von Kindern mit frühkindlichem Autismus reflektieren.

2. Frühkindlicher Autismus – Skizze einer Störung

Im folgenden Abschnitt soll sowohl auf die Entdeckung des frühkindlichen Autismus und die möglichen Ursachen für autistisches Verhalten[5], als auch auf seine charakteristischen Merkmale, das äußere Erscheinungsbild von Kindern mit Autismus und ihr Sozialverhalten unter besonderer Berücksichtigung ihrer Wirkung auf die Gesellschaft eingegangen werden. Hierbei werden an dieser Stelle nur ausgewählte Symptome skizziert, da eine erschöpfende Illustration in dieser Arbeit nicht möglich ist. Wichtig ist außerdem zu wissen, dass die aufgeführten Symptome kein starres Bild darstellen, sondern diese sich im Laufe der Jahre immer wieder

---

[3] Klicpera & Innerhofer, 2000

[4] Vgl. dazu Punkt 3.1.

[5] Der Begriff „autistische Behinderung", wie er u.a. von G. Goßlau (2004) gebraucht wird, erscheint mir zwar aufgrund der Definition von „Behinderung" als Beeinträchtigung, die die „Teilnahme am Leben der Gesellschaft wesentlich erschwert" als plausibel. Dennoch habe ich mich dazu entschieden, in der folgenden Arbeit Autismus als eine „tiefgreifende Entwicklungsstörung" (H. Remschmidt, 2000) zu kategorisieren.

verändern können und es daher nicht selten zu einer „Symptomverlagerung"[6] kommt. Außerdem möchte ich darauf hinweisen, dass „autistische Kinder in vielen Aspekten (…) keine homogene Gruppe darstellen"[7] und trotz vieler beobachtbaren Gemeinsamkeiten individuell zu betrachten, zu verstehen und zu fördern sind.

2.1. *Entdeckung des frühkindlichen Autismus durch Leo Kanner*

Bereits 1911 wird der Begriff „Autismus" im Zusammenhang mit Schizophrenie in die Fachliteratur eingeführt. Eugen Bleuler, ein Schweizer Psychiater, vermutete hinter der starken Isolation von der Außenwelt und dem ausgeprägtem Selbstbezug seiner Patienten ein Kernsymptom ihrer schizophrenen Erkrankung. Anders als Bleuler grenzte Leo Kanner, ein österreichischer Kinderarzt, 1943 Autismus deutlich von der Schizophrenie ab und wies diesem erstmals ein eigenständiges Krankheitsbild zu, welches sich bereits in der früher Kindheit entwickelt. Ausgehend von Kanner, lassen sich vier Hauptmerkmale zusammenfassen, die in den beiden international gebräuchlichen Klassifikationssystemen (ICD-10 und DSM-IV) als Diagnosekriterien für frühkindlichen Autismus (aufgrund seines Entdeckers auch als „Kanner-Syndrom oder „Kanner-Autismus bekannt) zugrundeliegen. Hierzu zählen die starken Beeinträchtigung der sozialen Interaktion und Kommunikation, eingeschränkte Interessen, stereotype Verhaltensmuster, sowie der Beginn dieser Auffälligkeiten vor dem 3. Lebensjahr.[8]

2.2. *Mögliche Ursachen*

Bis heute konnte keine eindeutige Ursache für autistisches Verhalten festgestellt werden. Während jahrzehntelang besonders die Eltern für die Störung ihrer Kinder verantwortlich gemacht und Autismus somit auf eine „psychosozial bedingte

---

[6] Remschmidt, H. (2000). *Autismus: Erscheinugsformen, Ursachen, Hilfen.* München: Beck. S.18.

[7] Klicpera & Innerhofer, 2000, S. 100.

[8] Remschmidt, 2000, S. 16

Entstehung"[9]zurückgeführt wurde, sind diese Thesen, die vor allem von Bettelheim vertreten wurden, widerlegt. Stattdessen wird heute versucht, auf verschiedenen Ebenen Erklärungen für die Entstehung von Autismus zu finden. Eine zentrale Rolle scheinen dabei Erbeinflüsse zu spielen, wobei nicht ein einzelnes Gen, sondern „zwischen sechs und zehn Gene an seiner Verursachung mitwirken."[10] Daneben existieren Vermutungen, biochemische Besonderheiten oder Hirnfunktionsstörungen könnten als Ursache in Frage kommen. Diese Ergebnisse sind bisher jedoch nicht einheitlich genug, um näher darauf einzugehen. Zusammenfassend ist für diesen kurzen Einblick in die Ursachenforschung zu sagen, dass es *die eine* Ursache nicht gibt, sondern dass die Verursachung und Entwicklung dieser Störung auf mehrere Faktoren zurückzuführen ist. Aufgrund verschiedener Ergebnisse lässt sich jedoch festhalten, dass es sich beim frühkindlichem Autismus um eine „primär neurobiologische Störung handelt"[11]. Damit müssten die Eltern von der Last befreit sein, die ihnen noch vor einigen Jahren auferlegt wurde, indem sie als Verursacher des autistischen Verhaltens ihres Kindes in der Fachliteratur angeprangert wurden.

2.3. *Äußeres Erscheinungsbild und das Unverständnis der Gesellschaft*

Anders als beispielsweise beim Down-Syndrom, sieht man den meisten Kindern mit Autismus ihre Störung nicht an. Im Gegenteil – häufig gelten sie als besonders hübsche Kinder.[12] Oft wirken sie verträumt, ruhig und zurückgezogen. Einige Kinder meiden den Blickkontakt, andere suchen ihn nicht oder scheinen durch ihre Gegenüber hindurch zu schauen.[13] Kinder mit frühkindlichem Autismus scheinen Blickkontakt seltener zu interaktiven Zwecken nutzen. Eine weitere Auffälligkeit sind die für autistische Kinder typischen Bewegungsmuster. Sie „gehen häufig auf den

---

[9] Remschmidt, 2000, S. 24

[10] Remschmidt, 2000, S. 29.

[11] Remschmidt, 2000, S: 36.

[12] Rollett & Kastner-Koller, 1994, S. 2.

[13] Vgl. dazu Klicpera & Innerhofer, 2000, S.104.

Zehenspitzen, wedeln (…) mit den Händen oder verdrehen die Finger.[14] Ihr weitgehend „normales" Aussehen scheint für die Gesellschaft nur schwer vereinbar zu sein mit den auffälligen Verhaltensweisen, die diese Kinder zeigen. Die Schuld für das von der gesellschaftlichen Norm abweichende Verhalten wird vielmals bei den Eltern gesucht, die offensichtlich bei der Erziehung „etwas falsch machen"[15]. Nicht selten sehen sich Eltern abwertenden Blicken oder gar Kommentaren, die das autistische Kind als „verzogen" bezeichnen, dessen „Benehmen schnell abgewöhn(t)"[16] werden müsse, ausgesetzt. Durch das Unverständnis der Gesellschaft kommt es immer wieder zur Isolation der Familie[17], obwohl sie gerade auf Unterstützung und ein Netzwerk von außen angewiesen wäre, um ihre eigenen Ressourcen damit zu ergänzen und zu stärken.

2.4. Besonderheiten in der Sprachentwicklung

Die Sprachentwicklung bei diesen Kindern verläuft sehr heterogen. Bei manchen scheint es, als bilde sich die Sprache anfangs altersgerecht, dann jedoch gehen Teile des Wortschatzes oder auch alles davon wieder verloren. Bei etwa der Hälfte der Kinder mit frühkindlichem Autismus setzt die Sprachentwicklung gar nicht oder erst sehr verspätet ein. Viele der sprechenden Kinder mit Kanner-Syndrom „verwenden sie in mechanischer Weise"[18]. Zu den Auffälligkeiten in der Sprache zählen unter anderem die Echolalie (Wiederholung von Wörtern und Sätzen ohne zeitlichen Zusammenhang), das Bilden von neuen Wörtern (Neologismen) und die Pronomenrevision (Vertauschen von ich/du/er etc.) Auch ihr Sprechrhythmus wirkt oft

---

[14] Aarons, M., & Gittens, T. (2007). *Das Handbuch des Autismus - Ein Ratgeber für Eltern und Fachleute.* Weinheim: Beltz. S. 56.

[15] Rollett & Kastner-Koller, 1994, S. 2.

[16] Kuhles, H. (2007). *Autismus bei Kindern und Jugendlichen - Wege aus der Isolation.* Oldenburg: Paulo Freire. S. 57.

[17] Vgl. dazu Lang, M. (2003). Auswirkungen von Gestützter Kommunikation (FC) auf die Situation der Eltern. In B. Schirmer, *Autismus. Studien, Materialien und Quellen* (S. 77-83). Gießen: Weidler Buchverlag. S. 77.

[18] Remschmidt, 2000, S. 18.

abgehakt, die Betonung der Worte ist unpassend und die Stimmstärke klingt vielmals monoton.

Viele Kinder mit Kanner-Autismus besitzen hingegen keinen aktiven Sprachgebrauch, sondern versuchen sich beispielsweise via Hinführen, Gesten und Laute verständlich zu machen.[19] Auch diese nonverbale Kommunikation ist nicht immer eindeutig. Nicht selten kommt es vor, dass sie Mimik und Gestik inadäquat einsetzen und sich nur schwer verständlich machen können. Es scheint, als gäben Kinder mit frühkindlichem Autismus „ihren Gesten eine bestimmte Bedeutung (…), die von den Eltern gelernt werden kann und muss."[20] Die Tatsache, dass das Kind sich nur begrenzt verständigen kann, wird mit unter als die größte Belastung von den Eltern empfunden, da sie oft das Gefühl haben, den Wünschen nicht gerecht werden zu können.[21] Auf eine mögliche Entlastung in diesem Bereich wird in Punkt 3.1.2. ausführlicher eingegangen. Trotz der häufig eingeschränkten Kommunikationsmöglichkeiten und die dadurch vermeintlich entstehende Distanz, fühlen sich viele Eltern eng mit ihren Kindern verbunden und wissen die Momente, in denen die Kinder liebevoll und zugeneigt sind, zu schätzen.[22] Wichtig scheint es, sich aktiv um das Kind zu bemühen, um einen Rückzug in seine eigene Welt und das damit oft einhergehende Ausüben von Stereotypien zu verhindern.[23]

2.5. Stereotypien und Verhaltensauffälligkeiten

Stereotypien sind „sich wiederholende Bewegungen und Haltungen, die in ihrer Häufigkeit, Amplitude und Frequenz exzessiv sind und denen kein adaptiver Wert

---

[19] Goßlau, G. (2004). Förderung der Kommunikationsfähigkeit am Beispiel eines Kinder mit autistischer Behinderung. Eine Einzelfallstudie. In B. Schirmer, *Autismus. Studien, Materialien und Quellen* (Bd. Band 2, S. 17-30). o.A.: Weidler Buchverlag. S. 22.

[20] Klicpera & Innerhofer, 2000, S. 111.

[21] Lang, 2003, S. 78.

[22] Vgl. dazu Rollett & Kastner-Koller, 1994, S. 44.

[23] Vgl. dazu Klicpera & Innerhofer, 2000, S. 107.

zukommt."[24] Bei autistischen Kindern wird dieses Verhalten in 97% der Fälle[25] beobachtet, das sich beispielsweise im Kreiseln von Objekten, schnelles Hin- und Herbewegen der angewinkelten Arme (auch „Flügeln" genannt) oder durch Stimulieren des eigenen Körpers beim Drehen um die eigene Achse ausdrückt. [26] Es setzt meist dann ein, wenn „die Bewegungsmöglichkeit der Kinder eingeschränkt ist, wenn (…) sie in der Umgebung wenig Anregung vorfinden, bzw. wenn sie (…) nicht in Aktivitäten einbezogen werden."[27] Desweiteren stellen Stereotypien offensichtlich eine Möglichkeit dar, mit Frustration nach Misserfolgen umzugehen bzw. sich Herausforderungen oder schwierigen Aufgaben direkt zu entziehen. Daraus lässt sich ableiten, dass Aufgaben so gestellt werden müssen, dass sie für das Kind machbar sind, da aus dem somit erzielten Erfolg Motivation für weitere Aufgaben gewonnen werden kann.[28] Auch der reduzierte Handlungsspielraum, der Kindern mit Autismus aufgrund ihres weniger „differenzierten Bild(es ihrer) Umwelt und weniger funktionalen Beziehungen"[29] zur Verfügung steht, kann Ausgangspunkt für ihre Stereotypien sein. Da bei Kindern mit Kanner-Syndrom häufig die Übersicht über den Gesamtzusammenhang ihrer Umwelt fehlt, orientieren sie sich vorwiegend an einzelnen Elementen.[30] Das kann im Zusammenhang mit stereotypen Verhalten bedeuten, dass sich auch ihr Handeln nur auf Elemente ihrer Körperumgebung bezieht, statt sich mit einer für sie zu komplexen Umgebung zu beschäftigen, in der sie keine Stimulation finden können. So sind Stereotypien in gewisser Weise als Beschäftigung für das Kind und weniger als in der Literatur in der Regel sehr negativ bewertete Verhalten, das es zu unterbinden gilt, da es die Störung und die „Abkapselung"[31] von der Umwelt verstärkt, zu sehen. Diese Überlegung scheint

---

[24] Klicpera & Innerhofer, 2000, S. 144.

[25] Weber, D. (1970). *Der fürhkindliche Autimus unter dem Aspekt der Entwicklung.* Bern: Huber Verlag.

[26] Klicpera & Innerhofer, 2000, S. 145.

[27] Baumeister, 1978, zit. in Klicpera & Innerhofer, 2000, S.146.

[28] Vgl. dazu 3.2.1.

[29] Klicpera & Innerhofer, 2000, S. 148.

[30] Vgl. dazu 3.2.3.

[31] Remschmidt, 2000, S. 16.

insoweit überzeugend, als man sich vergegenwärtigen muss, dass viele Kinder mit Kanner-Autismus in ihren Spieltätigkeiten sehr eingeschränkt sind und in ihren Stereotypien Erholung zu finden scheinen.

Eine andere Verhaltensauffälligkeit, die vor allem für die Eltern sehr belastend ist, ist das selbstverletzende Verhalten einiger Kinder, das oft mit ihren Stereotypien einhergeht.[32] Es tritt vor allem in Form von Beißen, Kratzen oder Schlagen mit dem Kopf gegen eine harte Fläche auf und lässt sich vorwiegend bei Kindern unter 5 Jahren, mit geringer Intelligenz und schweren Defiziten in der Kommunikation verzeichnen.[33] Ferner hat die unter Kindern mit frühkindlichem Autismus weit verbreitete Angst vor Veränderung einen nicht geringen Einfluss auf den Alltag der Familie. Bereits Kanner weist auf diese Verhaltensauffälligkeit als Hauptmerkmal (neben der Isolation vor der Umwelt und den Kontaktschwierigkeiten dieser Kinder) des frühkindlichen Autismus mit den Worten „the autistic child desires to live in a static world (…) in which no change is tolerated"[34] hin. Dies ist vor allem damit zu begründen, dass Kindern mit frühkindlichem Autismus eine „logische Ordnung nur bedingt zu Verfügung steht"[35]. Um von den vielen Eindrücken, die auf sie einstürzen, wenn sie einer neuen Situation ausgeliefert sind, nicht überfordert zu werden, werden diese versucht auszublenden oder abzuwehren. Mit diesem Wissen gelingt es, das zwanghafte Festhalten an Gewohnheiten und die scheinbar fehlende Spontanität bei Kindern mit Kanner-Autismus zu verstehen. Zwar trifft diese ablehnende Haltung gegenüber Neuem nicht bei allen Kindern mit Kanner-Syndrom und nur in bestimmten Bereichen zu, dennoch sprechen Eltern häufig von bestimmten Ritualen, die „im Vergleich zu Stereotypie eine komplexe Handlung"[36] darstellen und die immer in derselben Reihenfolge vollzogen werden müssen. Ähnlich verhält es sich bei einigen Kindern mit ihren Essgewohnheiten, der

---

[32] Vgl. dazu Lang, 2003, S. 77.

[33] Vgl. dazu Shodell & Reiter, 1968, zit. in Klicpera & Innerhofer, 2000, S. 150.

[34] Kanner, L. (1973). *Childhood Psychosis: Initial Studies and new insights.* Washington: v.H. Wiston & sons. S.63

[35] Klicpera & Innerhofer, 2000, S.154.

[36] Wendeler, J. (1992). *Frühkindlicher Autismus: klinische, pädagogische und soziale Aspekte.* Weinheim: Beltz. S. 70.

Anordnung der Möbel in der Wohnung und ähnlichem, was besonders dann problematisch werden kann, wenn beispielsweise Geschwisterkinder existieren, die vielleicht andere Wünsche haben, welche häufig hinter dem „Sorgenkind, (dass) immer im Mittelpunkt (steht)"[37] zurückbleiben.

2.6. *Affektive und kognitive Besonderheiten*

Kinder mit frühkindlichem Autismus zeigen deutliche Schwierigkeiten, Emotionen in den Gesichtern von anderen Menschen zu erkennen bzw. zwischen verschiedenen Gefühlen zu unterscheiden. Sie haben dadurch in der Regel große Probleme sich in andere Menschen hineinzuversetzen, den momentanen Wissensstand ihrer Interaktionspartner zu berücksichtigen oder aus früheren Situationen eine mögliche Reaktion desselben vorherzusehen. Diese Schwierigkeiten sind auf eine Störung in der sogenannten „Theory of Mind" zurückzuführen, welche die „Fähigkeit, sich in das Denken und Fühlen anderer Menschen hineinzuversetzen und deshalb auch deren Handlungen voraussehen zu können"[38], impliziert. Vor diesem Hintergrund scheinen der Mangel an Empathie und die damit verbunden Probleme der sozialen Interaktion bei Kindern mit Kanner-Autimus nachvollziehbar.

Mit „kognitiven Besonderheiten" sind insbesondere die Aufnahme und die Verknüpfung von Informationen und die daraus entstehende Vorstellung von der Welt bei Kindern mit frühkindlichem Autismus gemeint. Diese Kenntnis ist wichtig, um in der Praxis erfolgreich mit diesen Kindern arbeiten zu können.[39] Sie bewerten Dinge anders und sehen die Welt mit ganz anderen Augen. Wie bereits in 2.6. dargestellt, erkennen sie weniger den Gesamtzusammenhang, es fällt ihnen schwer,

---

[37] Achilles, I. (2003). Die Situation der Geschwister - "Wir behandeln alle unsere Kinder gleich". Von solchen und anderen Irrtümern in Familien mit behinderten oder chronisch kranken Kindern. In U. Wilken, & B. Jeltsch-Schudel, *Eltern behinderter Kinder - Empowerment - Kooperation - Beratung* (S. 60-69). Stuttgart: Kohlhammer. S. 61.

[38] Freitag, C. (2007). *Autismus-Spektrum-Störungen.* München: Spektrum akademischer Verlag. S. 55.

[39] Häußler, A. (2007). *Der TEACCH Ansatz zur Förderung von Menschen mit Autismus - Einführung in Theorie und Praxis.* Dortmund: verlag modernes lernen. S. 30.

einen „Wechsel der Aufmerksamkeit vom Detail zum Ganzen"[40] zu vollziehen. Diese Schwäche (Störung der „Zentralen Kohärenz"[41]) kann als eine der Erklärungen für die typischen Probleme von Autisten gewertet werden. Eine weitere Besonderheit ist die starke Ausprägung des visuellen Sinneskanals. Hiermit werden Informationen eher aufgenommen und weiterverarbeitet als mit dem auditiven. Daher ist es für Kinder mit Autismus schwierig, sprachliche Anweisungen zu verstehen und durchzuführen. Was das für die praktische Arbeit bedeutet, wird im Verlauf dieser Arbeit dargestellt.

3. Förderung von Menschen mit frühkindlichem Autismus

Vor dem Hintergrund der bisher erarbeiteten Besonderheiten bei Kindern mit Kanner-Syndrom sollen nun zwei (Förder)Methoden näher beleuchtet werden, um am Ende zu reflektieren, in welchem Maße sie zur Erleichterung des Alltags von Kind und Familie beitragen können.

3.1. Gestützte Kommunikation (FC)

Der Begriff „Gestützte Kommunikation" (im Englischen „Facilitated Communication", auch „FC") stellt eine Kommunikationsmethode[42] für Menschen dar, die in ihrer „Kommunikationsfähigkeit erheblich eingeschränkt"[43] sind. Sie soll die Verbalsprache ergänzen oder ersetzen und gehört zu den Methoden der „Unterstützten

---

[40] Häußler, Der TEACCH Ansatz zur Förderung von Menschen mit Autismus - Einführung in Theorie und Praxis, 2007, S. 31.

[41] Frith, U. (1992). *Autismus. Ein kognitionspsychologisches Puzzle*. Heidelberg, Berlin, New York: Spektrum Akademischer Verlag. S. 113

[42] Hier soll darauf hingewiesen werden, dass in der Literatur viele Autoren ausdrücklich betonen, dass FC keine Therapie- oder Heilmethode darstellt (vgl. dazu u.a. Bundschuh, K., & Basler-Eggen, A. (2000). *Gestützte Kommunikation (FC) bei Menschen mit schweren Kommunikationsbeeinträchtigungen*. (F. F. Bayrisches Staatsministerium für Arbeit und Sozialordnung, Hrsg.) München: o.A.

[43] Haldenwang, K.-G. (2003). Schulkonzeption, Unterstützte Kommunikation und Gestützte Kommunikation. In M. Lang, & A. Koch, *Gestützte Kommunikation - gestütztes Handeln* (S. 85-94). Gießen: Weidler Buchverlag. S.85.

Kommunikation".[44] Man geht davon aus, dass die Zielgruppe Sprache an sich und auch die Schriftsprache beherrscht, diese aber aufgrund motorischer Beeinträchtigungen nicht verwenden kann. Aufgrund der vermuteten schriftsprachlichen Fähigkeiten, arbeitet man mit Buchstaben, die auf eine Tafel oder eine Computertastatur eingegeben werden sollen.

3.1.1. Methoden und Ziele

Zu Beginn der Arbeit soll der FC-Stützer[45] (auch „Faziliator" genannt) die Hand des FC-Schreibers mit ausgestrecktem Zeigefinger in einer Entfernung von etwa 20cm zur Tastatur halten und warten, bis er Bewegungsimpulse des Benutzers spürt. Diesen soll er nachgeben, bis ein Buchstabe erreicht ist. Danach geht man wieder in die Ausgangsposition.[46] Ziel von FC soll es sein, dem Schreiber zu ermöglichen, eine Kommunikationshilfe seiner Wahl unabhängig nutzen zu können und somit einen „höchstmöglichen Freiheitsgrad"[47] für ihn zu erreichen. Dazu ist es notwendig, die Stütze nach und nach zu reduzieren. Dies kann gelingen, indem der FC-Schreiber nur noch impulsgebend unterstützt wird. So kann beispielsweise ein Antippen der Stelle, die agieren soll, ausreichen, um eine Eigenaktion zu fördern. Durch den entstehenden Druck wird Gegendruck des Benutzers provoziert, aus dem man eine eindeutige Richtungsanzeige ablesen kann. Über diese manuelle Unterstützung hinaus, hat der Faziliator die Funktion einer psychischen Stütze für den Schreiber. Das bedeutet, dass er vorranging durch Gespräche über Themen, die den FC-Schreiber interessieren, eine emotionale Basis aufbauen muss, um den Benutzer bei eventuellen Rückschlägen immer wieder neu für die Arbeit mit FC zu begeistern, zu motivieren und seine Konzentration auf seine Aufgabe zurückzuführen.[48]

---

[44] Ich setze die Unterstützen Kommunikation als bekannt voraus.

[45] Der Einfachheit halber verwende ich nur die maskuline Form, wenn beide Geschlechter gemeint sind.

[46] Vgl. dazu Crossley, R. (1994). *Facilitated communication training*. New York: Teachers College Press.

[47] Bundschuh & Basler-Eggen, 2000, S. 38.

[48] Vgl. dazu Klauß, T. (o.A.. o.A. 2003). Zur Diskussion gestellt: Ist FC eine klar widerlegte Methode? Anmerkungen zu einer Resolution und zur Notwendigkeit eines wissenschaftlichen Diskurses. *Heilpädagogische Forschung , 29* (1), S. 19-25. S. 23.

3.1.2. Auswirkungen auf die familiäre Situation

Wie in Punkt 2.4. bereits erwähnt, empfinden viele Eltern die eingeschränkte oder nicht vorhandene Sprache und Kommunikation des Kindes mit frühkindlichem Autismus als eine große Last. Eine zusätzliche Belastung entsteht daraus, dass mit der Abstinenz von Kommunikationsfähigkeiten in vielen Fällen selbstverletzendes Verhalten einhergeht[49], für welches Eltern nicht selten ihr Unvermögen, die Wünsche des Kindes nicht richtig interpretieren zu können, verantwortlich machen. Aus diesen Schuldgefühlen heraus entwickelt sich immer wieder der scheinbare Zwang, ab jetzt alles richtig machen zu müssen, was zu Erschöpfungserscheinungen führen kann, da man sich selbst „keine Ruhe gönnt"[50]. Vor diesem Hintergrund liegt es nahe, FC als eine bedeutende Entlastung für die Eltern, die mit Hilfe der Gestützten Kommunikation, endlich von ihrem Kind erfahren können, welche Wünsche, Ängste oder ähnliches es hat, zu verstehen. Zudem scheint die bessere Verständigung auch auf das Kind eine positive Auswirkung hinsichtlich des Rückgangs seiner Stereotypien und seiner zufriedeneren Grundstimmung zu haben.[51]

3.1.3. Kritik

Während einige Befürworter von FC in dieser Methode eine neu eröffnete Kommunikationschance sehen, die Menschen mit eingeschränkten oder offenbar nicht vorhandenen sprachlichen Fähigkeiten zu mehr Selbständigkeit und Freiheit führen kann, versuchen Autoren wie Biermann, Bober, Thümmel, Nußbeck (um nur einige Namen zu nennen) auf die Gefahr von Gestützter Kommunikation hinzuweisen und fordern zur genauen Überprüfung der Wirksamkeit von FC auf – besonders dann, wenn „öffentliche Gelder zur FC-Stütze beansprucht werden."[52] Die Kritik bezieht sich vorrangig auf die fragwürdige Authenzität der Texte, die mit Hilfe von FC verfasst werden. So seien die Schriften von ihrem sprachlichen und kognitiven Stil

---

[49] Vgl. dazu Punkt 2.6.

[50] Eine Mutter zit. in Lang, 2003, S. 80.

[51] Eine Mutter zit. in Lang, 2003, S. 81.

[52] Biermann, A., Bober, A., & Nußbeck, S. (o.A.. o.A. 2002). *Resolution zur Gestützten Kommunikation (engl. Facilitated Communication / FC)* .

nicht vergleichbar mit dem Verhalten, dass der Schreiber ohne FC-Stützer aufzeige.

Ein weiterer Punkt, der zu Kontroversen hinsichtlich der Urheberschaft des Geschriebenen führt, ist laut Kritikern die Tatsache, dass der Schreiber nur dann beispielsweise auf Fragen richtig antworten kann, wenn der Stützer denselben Informationsstand hat und somit eine eindeutige Zuweisung, von wem der geschriebene Text verfasst wurde, nicht möglich ist.[53] Eine Zuspitzung dieser Diskussion liefern Thümmel und Bober, die das „ATM-Modell"[54] (= „Anwender als Triviale Maschine") als Basis für Gestützte Kommunikation entwickelt haben.

Zwar sind sich viele Befürworter von FC der Gefahr, die durch eine „inhaltliche Beeinflussung"[55] des Schreibers durch den Stützer erfolgen kann, bewusst und betonen, man müsse den „noch wenig erforschten, störanfälligen Vorgang (verantwortungsbewusst handhaben), um Mißbrauch zu vermeiden"[56]. Dennoch vertreten sie vorrangig die Ansicht, der Wissenschaft vorerst die Aufgabe zu stellen, ohne Vorurteile zu erforschen, wie die geschriebenen Texte zustande kommen, bevor man die Methode der Gestützten Kommunikation „auf den Index"[57] setzt. Daraus entstünde nämlich die Kürzung von Geldern, welche in Einzelfällen für Kinder und deren Eltern, bei denen FC bisher einen erkennbaren Erfolg gezeigt hat, einen nicht verkennbaren Rückschritt mit sich bringen würden.[58]

---

[53] Nußbeck, S. (o.A.. o.A. 2003). Replik zu Theo Klauß: "Ist FC eine klar widerlegte Methode?". *Heilpädagogische Forschung , 29* (1), S. 26-28. S. 27.

[54] Thümmel, I., & Bober, A. (o.A.. o.A. 2000). Wieterführende Perspektiven in der Diskussion um die Gestützte Kommunikation. *Zeitschrift für Heilpädagogik* (12/00), S. 504-513. S. 507.

[55] Klauß, 2003, S. 20.

[56] Nagy, C. (Oktober 1996). Zu Prof. Kehrers Artikel "Kritische Gedanken zu FC". *Autismus ,* S. 41-45. S. 44.

[57] Klauß, 2003, S. 24.

[58] Vgl. dazu Möhring, S. (2001). *Gestützte Kommunikation bei Kindern und Jugendlichen mit einer autistischen Störung und mögliche Auswirkungen auf die Eltersituation.* Gießen. S. 77.

3.2. Förderung nach dem TEACCH-Ansatz

„Treatment and Education of Autistic and related Communication handicapped CHildren"[59], kurz TEACCH, bedeutet im deutschen soviel wie „Therapie und pädagogische Förderung für autistische und in ähnlicher Weise kommunikationsbehinderte Kinder". Hinter diesem Namen verbergen sich eigentlich zwei Begriffe. Zum einen das TEACCH Programm oder auch Division TEACCH, das 1972 von Eric Schopler und Robert Reichler gegründet wurde. Dieses bezeichnet Institutionen in North Carolina, die sich einer lebenslangen Begleitung von Menschen mit Autismus und deren Eltern verschreiben. Dazu zählen beispielsweise Schulen, Werkstätten, Wohneinrichtungen, etc. Zum anderen ist mit TEACCH der TEACCH Ansatz, das pädagogisch-therapeutische Konzept, gemeint. Auf letzteren Begriff werde ich mich in meiner Arbeit beziehen.

3.2.1. Philosophie und Ziele[60]

Die TEACCH Philosophie oder auch TEACCH Prinzipien ist eine der acht Kernaspekten[61] des TEACCH Programms und umfasst insgesamt neun Grundprinzipien, welche als Leitlinien für die praktische Arbeit dienen. Dabei betonen Vertreter des Ansatzes stets, dass er nichts „Fertiges ist (...) immer weiter entwickelt wird (...) und neue Erkenntnisse über Autismus (berücksichtigt)"[62]. Hierin sind außerdem eine große Wertschätzung der Individualität und die Notwendigkeit eines differenzierten Wissens über Nachbardisziplinen, die die Förderung ergänzen könnten, impliziert. Um mit Menschen mit Autismus arbeiten zu können, muss man verstehen, wie sie die Welt sehen und wahrnehmen, welche „kognitiven

---

[59] Degner, M., Tuckermann, A., & Häußler, A. (2008). TEACCH - Methode, Ansatz und Programm. In M. Degner, & C. M. Müller, *Autismus. Besonderes Denken - Förderung mit dem TEACCH-Ansatz* (S. 109-125). Nordhausen: Verlag Kleine Wege. S. 109. (Hervorhebung durch die Autoren)

[60] Bei diesen Ausführungen beziehe ich mich grundlegend auf Häußler, Der TEACCH Ansatz zur Förderung von Menschen mit Autismus - Einführung in Theorie und Praxis, 2007. S. 16-20.

[61] Hier soll nur gesagt sein, dass sich diese u.a. auf die Einrichtungen, die Organisation und Angebote beziehen. Eine ausführliche Darstellung würde den Rahmen dieser Arbeit sprengen.

[62] Häußler, Der TEACCH Ansatz zur Förderung von Menschen mit Autismus - Einführung in Theorie und Praxis, 2007, S. 16.

Besonderheiten"[63] vorliegen. Anders als noch bei Bettelheim, werden die Eltern hier nicht mehr für die Störung ihrer Kinder verantwortlich gemacht, sondern in die Arbeit miteinbezogen. So soll gewährleistet werden, dass der Pädagoge als Experte für Autismus, die Eltern hingegen als „Experten für ihr Kind"[64] gemeinsam die maximale Unterstützung für das Kind mit frühkindlichem Autismus zur Verfügung stellen. Genau darauf soll der TEACCH Ansatz hinauslaufen: Das Höchstmögliche mit dem Kind erreichen. Hier steht vor allem die Integration der Betroffenen in die Gesellschaft im Vordergrund. Dies kann entweder durch direkte Förderung sozialer Kompetenzen oder aber auch –je nach Schwere der Störung- durch anfängliche Anpassung der Umwelt an das Kind geschehen.[65] Um überhaupt für eine entwicklungsgerechte und individuelle Förderung einstehen zu können, bedarf es einer individuellen Diagnostik, die speziell im Rahmen des TEACCH Programms angefertigt wurde, um Entwicklungs- und Verhaltensprofile für Kinder (PEP-R) und für Jugendliche und Erwachsene (AAPEP) als Basis für die Therapie festzustellen. Obwohl die Diagnostik vorerst auf das richtet, was das Kind mit Autismus nicht kann, um eine Einschätzung über seinen Entwicklungsstand abgeben zu können, orientiert sich die Förderung an den Stärken, um das Handeln des Kindes mit Erfolg zu krönen, denn wie bereits in Punkt 2.6 dargestellt, sind es vor allem die schwierigen, von Misserfolg gekennzeichneten Aufgaben, die das Kind häufig zu stereotypen Verhalten verleiten. Bei der pädagogischen Arbeit mit dem TEACCH Ansatz geht es nicht darum, unerwünschte Verhaltensweisen zu unterbinden und erwünschte auszubilden. So betont Häußler: „Ziel der pädagogischen Bemühungen ist das Verstehen, nicht das bloße Antrainieren von Verhaltensweisen." Hierbei stünde, so Häußler, nicht die Behandlung einer Störung, sondern die individuelle Unterstützung des Menschen mit Autismus beim Lernen im Vordergrund.

---

[63] Vgl. dazu 2.7.

[64] Häußler, Der TEACCH Ansatz zur Förderung von Menschen mit Autismus - Einführung in Theorie und Praxis, 2007. S. 17.

[65] Vgl. dazu 3.2.2.

3.2.2. „Structured Teaching" als TEACCH-Prinzip – theoretische Grundlagen

Dem „Strukturierten Unterrichten" liegt der empirische Nachweis zugrunde, dass Kinder mit Autismus in einem strukturierten Umfeld größere Lernerfolge erzielen, als in Programmen, in denen der permissive Erziehungsstil als Basis dient.[66] Die Strukturierung der Umwelt soll Kindern mit Autismus helfen, sich einfacher in ihr zurechtzufinden und infolgedessen ihre individuellen Kompetenzen zu erweitern. Hierbei werden ihr häufiger Drang zu routiniertem Verhalten und die damit verbundenen Schwierigkeiten bei Veränderungen ebenso berücksichtigt wie die visuellen Stärken dieser Kinder.[67]

Für die praktische Arbeit bedeutet das, dass man beispielsweise aufgrund der schwachen zentralen Kohärenz von Kindern mit Autismus den Raum nicht mit Gegenständen überladen oder die Aufgaben zu detailliert stellen darf, um das Herstellen von Zusammenhängen zu erleichtern. Die Reduzierung auf das Wesentliche in allen Bereichen verhindert eine Überforderung und gibt autistischen Kindern Sicherheit und fördert zudem die Fähigkeit, flexibler zu reagieren und sich somit weniger beängstigt an neue Aufgaben zu wagen.[68] Neben der Strukturierung ist die Visualisierung der zentrale Begriff im Rahmen der TEACCH Methode. Da der visuelle Sinneskanal bei Kindern mit Autismus häufig besser Informationen verarbeitet als der auditive, werden Anweisungen und Aufgaben visualisiert. Dies kommt den Besonderheiten von autistischen Kindern zudem insofern entgegen, als sie sich so weniger in einen Kommunikationspartner hineinversetzen müssen, denn bei einer auditiven Darstellung, die ihre beeinträchtigte „theory of mind" nicht selten überfordert.[69] Die Beständigkeit der visuellen Darstellung erlaubt den Kindern zudem eine längere Verarbeitungszeit und fördert die Selbstständigkeit, da sie für jeden zu jeder Zeit individuell zugänglich sind. In welchem Grad Strukturierung und Visualisierung eingesetzt werden muss, wird natürlich auch hier – ganz im Sinne des TEACCH Ansatzes – individuell angepasst und je nach Entwicklungsstand verändert.

---

[66] Vgl. dazu Rutter und Bartak, 1973, zit. in: Degner, Tuckermann, & Häußler, 2008, S. 112.

[67] Vgl. dazu Punkt 2.6. und 2.7.

[68] Vgl. dazu Degner, Tuckermann, & Häußler, 2008, S. 113.

[69] Vgl. dazu Punkt 2.6.

4. Fazit

Im Hinblick auf die Intention dieser Arbeit, die Besonderheiten der Welt des frühkindlichen Autismus dar- und zwei mögliche Methoden zur Entlastung im Alltag des Kindes und der Eltern vorzustellen, bin ich zu folgendem Ergebnis gekommen: Aus den in Punkt 2 skizzierten Symptomen wird deutlich, dass sich die Eigenheiten des frühkindlichen Autismus vorranging in Bereichen der Sprachentwicklung und den eingeschränkten Kommunikationsfähigkeiten, in den daraus resultierenden Schwierigkeiten der sozialen Interaktion und dem damit verbundenen Rückzug in sich selbst und dem Ausüben stereotyper Verhaltensweisen manifestieren. Diese Auffälligkeiten können als Resultat der andersartigen Wahrnehmung, die das Verstehen, Lernen und Handeln dieser Kinder bestimmt, verstanden werden. Da vor allem ihr Handeln von der gesellschaftlichen Norm abweicht und häufig Unverständnis und Vorwürfe gegenüber den Eltern erzeugt, kommt es nicht selten vor, dass sich die Familie aus dem gesellschaftlichen Leben zurückzieht.

In Punkt 3 sollte es darum gehen, mögliche Entlastungen für Kind und Familie im Alltag anhand von (pädagogischen) Förderungen aufzuzeigen. Die Kommunikationsmethode der Gestützten Kommunikation, die in 3.1. dargestellt wurde, kann man als in Einzelfällen wirkungsvolles Instrument zur besseren Verständigung zwischen Kind mit frühkindlichem Autismus und Umwelt bezeichnen. Sie stellt vor allem für die familiäre Situation eine enorme Entlastung dar. Eltern können die Anliegen des Kindes besser verstehen, fühlen sich sichererer im Umgang mit ihnen und können sich öfter eine Ruhephase gönnen, da sie durch die verbesserte Mitteilungsfähigkeit ihres Kindes weniger unter dem Druck stehen, permanent alles richtig zu machen und die oft „spärlichen Gesten"[70] korrekt interpretieren zu müssen.[71] Aufgrund der fehlenden empirischen Nachweise über die Effektivität von FC, ist diese Methode jedoch sehr anfällig für (augenscheinliche berechtigte) Kritik. Statt ausschließlich der Frage nach dem Urheber der durch FC entstehenden Texte nachzugehen, sollte man – ganz im Sinne der Befürworter dieser Methode – „endlich mit einem wissenschaftlichen Diskurs über FC (...)

---

[70] Klicpera & Innerhofer, 2000, S. 109.

[71] Vgl. dazu Lang, 2003, S. 79ff.

beginnen"[72], um eine finanzielle Unterstützung der Eltern von Kindern, bei denen durch Gestützte Kommunikation Erfolge hinsichtlich ihrer Mitteilungsfähigkeiten erzielt wurden, zu sichern. Zwar geht eine „Verbesserung der (…) Verständigungsfähigkeit oft der Besserung der sozialen Beziehungen voraus"[73], dennoch sollte FC nicht als das einzige Mittel zur Integration des Kindes mit frühkindlichem Autismus in die Gesellschaft gesehen werden. Darin wäre die Annahme, eine Mitteilung via FC sei „gültiger, als solche die durch Gestik, Mimik oder Verhalten geäußert werden"[74], impliziert, was jedoch gegen die Auffassung vieler Befürworter von Gestützter Kommunikation spricht, die zudem betonen, dass „FC keinesfalls eine Unterstützung und Förderung in anderen Lebensbereichen ersetzen"[75] kann.Als eine weitere Methode wurde in Punkt 3.2 der TEACCH Ansatz, der „die Besonderheiten von Menschen mit Autismus berücksichtigt und die Entwicklung individueller Hilfen zur Unterstützung des Lernens und zur selbstständigen Bewältigung des Alltags"[76] in den Mittelpunkt stellt. Als TEACCH Methode geht das „Structured Teaching" auf die speziellen Bedürfnisse von Kindern mit Autismus ein und passt ihre Umwelt durch Strukturierung und Visualisierung individuell an, um maximale Selbstständigkeit zu erreichen. Aus Sicht einer Betroffenen stellt der TEACCH Ansatz eine „logische und damit potentiell hilfreiche Konsequenz aus dem autistischen Verhalten"[77] dar. Durch die Offenheit dieses Ansatzes ist vorgesehen, die Leitgedanken mit weiteren kreativen und individuellen Ideen auszufüllen, was z.B. in der Übertragung des in der Förderung Erlernten in den Alltag durch enge Zusammenarbeit mit den Eltern geschieht. Die durch

---

[72] Klauß, 2003, S. 19.

[73] Klicpera & Innerhofer, 2000, S. 166.

[74] Klauß, 2003, S. 24.

[75] Klauß, 2003, S. 24.

[76] Häußler, A. (18. November 2006). TEACCH - Mehr als eine Methode zur Förderung von Menschen mit Autismus. *ABA, TEACCH und PECS. Strukturierte, intensive, autismusspezifische Ansätze* . Zürich: Autismus deutsche Schweiz. S. 5.

[77] Schneider, K. (2008). TEACCH - Praktische Kommentare zu den therotischen Grundlagen aus der Sicht einer Betroffenen. In M. Degner, & C. M. Müller, *Autismus. Besonderes Denken - Förderung mit dem TEACCH-Ansatz* (S. 287-299). Nordhausen: Verlag Kleine Wege. S. 299.

Strukturierung erlangte Sicherheit erzeugt Selbstvertrauen, sich an neue Herausforderungen zu wagen, das mit „günstige(n) Umstände(n)"[78], wie eine Mutter eines Kindes mit Kanner-Syndrom die Vorbereitung auf neue Situationen durch Geduld und eventuelle vorsorgende Strukturierungen vor Ort nennt, zur Überwindung der Ängste vor Neuem beitragen kann. Dieser Umstand ist dann nicht nur für das Familienleben, sondern für das Kind mit frühkindlichem Autismus selbst eine große Entlastung, da es ein immer größer werdendes Maß an Selbstständigkeit erfährt. Eine zentrale Rolle scheint in dieser Fördermethode die Akzeptanz des „Anderseins" dieser Menschen zu sein, da das Konzept nicht nur eine Anpassung im Sinne von Zurechtkommen des Kindes mit der Umwelt, sondern vor allem ein Zurechtkommen der Umwelt, sprich der Gesellschaft, mit dem Kind impliziert.[79] Ein weiterer Aspekt, auf den ich während meiner Arbeit aufmerksam geworden bin, ist die Rolle, die den Geschwisterkindern im Zusammenhang mit frühkindlichem Autismus gegebenenfalls zuteil werden kann. Bisher liegen in der deutschen Literatur nur wenige Informationen zu ihrer Entwicklung und möglichen Einschränkungen vor. An dieser Stelle wäre eine Langzeitforschung wünschenswert, um beispielsweise zu beobachten, ob die besondere Situation in der Familie für Geschwister eines Kindes mit frühkindlichem Autismus tatsächlich eine Chance zu „persönlichem Wachstum"[80]darstellt.

---

[78] Czerwenka, S. (2008). Die Umsetzung des TEACCH-Ansatzes in der Familie. In M. Degner, & C. M. Müller, *Autismus. Besonderes Denken - Förderung mit dem TEACCH-Ansatz* (S. 187-200). Nordhausen: Verlag Kleine Wege. S. 198.

[79] Häußler, Der TEACCH Ansatz zur Förderung von Menschen mit Autismus - Einführung in Theorie und Praxis, 2007, S. 17.

[80] Achilles, 2003, S. 61.

5. Anhang

5.1. Literaturverzeichnis

Aarons, M., & Gittens, T. (2007). *Das Handbuch des Autismus - Ein Ratgeber für Eltern und Fachleute.* Weinheim: Beltz.

Achilles, I. (2003). Die Situation der Geschwister - "Wir behandeln alle unsere Kinder gleich". Von solchen und anderen Irrtümern in Familien mit behinderten oder chronisch kranken Kindern. In U. Wilken, & B. Jeltsch-Schudel, *Eltern behinderter Kinder - Empowerment - Kooperation - Beratung* (S. 60-69). Stuttgart: Kohlhammer.

Becker, S. (2002). *Förderung kommunikativer Fähigkeiten bei Menschen mit Autismus durch gestützte Kommunikation (FC). Auf der Suche nach dem Weg vom Realo zum Foto.* Marburg: o.A.

Biermann, A., Bober, A., & Nußbeck, S. (o.A.. o.A. 2002). *Resolution zur Gestützten Kommunikation (engl. Facilitated Communication / FC)* .

Bober, A. (o.A.. o.A. 2000). Bericht über die Münchener Studie zur Gestützten Kommunikation - Kritische Rezension des Abschlussberichtes. *Heilpädagogische Forschung , 26* (4), S. 213-219.

Bundschuh, K., & Basler-Eggen, A. (2000). *Gestützte Kommunikation (FC) bei Menschen mit schweren Kommunikationsbeeinträchtigungen.* (F. F. Bayrisches Staatsministerium für Arbeit und Sozialordnung, Hrsg.) München: o.A.

Crossley, R. (1994). *Facilitated communication training.* New York: Teachers College Press.

Czerwenka, S. (2008). Die Umsetzung des TEACCH-Ansatzes in der Familie. In M. Degner, & C. M. Müller, *Autismus. Besonderes Denken - Förderung mit dem TEACCH-Ansatz* (S. 187-200). Nordhausen: Verlag Kleine Wege.

Degner, M., Tuckermann, A., & Häußler, A. (2008). TEACCH - Methode, Ansatz und Programm. In M. Degner, & C. M. Müller, *Autismus. Besonderes Denken - Förderung mit dem TEACCH-Ansatz* (S. 109-125). Nordhausen: Verlag Kleine Wege.

Freitag, C. (2007). *Autismus-Spektrum-Störungen.* München: Spektrum akademischer Verlag.

Frith, U. (1992). *Autismus. Ein kognitionspsychologisches Puzzle.* Heidelberg, Berlin, New York: Spektrum Akademischer Verlag.

Goßlau, G. (2004). Förderung der Kommunikationsfähigkeit am Beispiel eines Kinder mit autistischer Behinderung. Eine Einzelfallstudie. In M. Lang, & A. Koch, *Gestützte Kommunikation - gestütztes Handeln* (Bd. Band 2, S. 17-30). o.A.: Weidler Buchverlag.

Haldenwang, K.-G. (2003). Schulkonzeption, Unterstützte Kommunikation und Gestützte Kommunikation. In M. Lang, & A. Koch, *Gestützte Kommunikation - gestütztes Handeln* (S. 85-94). Gießen: Weidler Buchverlag.

Häußler, A. (2007). *Der TEACCH Ansatz zur Förderung von Menschen mit Autismus - Einführung in Theorie und Praxis.* Dortmund: verlag modernes lernen.

Häußler, A. (2008). Förderdiagnostik in der pädagogischen Arbeit nach dem TEACCH-Ansatz. In M. Degner, & C. M. Müller, *Autismus. Besonderes Denken - Förderung mit dem TEACCH-Ansatz* (S. 143-163). Nordhausen: Verlag Kleine Wege.

Häußler, A. (18. November 2006). TEACCH - Mehr als eine Methode zur Förderung von Menschen mit Autismus. *ABA, TEACCH und PECS. Strukturierte, intensive, autismusspezifische Ansätze* . Zürich: Autismus deutsche Schweiz.

Kanner, L. (1973). *Childhood Psychosis: Initial Studies and new insights.* Washington: v.H. Wiston & sons.

Klauß, T. (o.A.. o.A. 2003). Zur Diskussion gestellt: Ist FC eine klar widerlegte Methode? Anmerkungen zu einer Resolution und zur Notwendigkeit eines wissenschaftlichen Diskurses. *Heilpädagogische Forschung , 29* (1), S. 19-25.

Klicpera, C., & Innerhofer, P. (2000). *Die Welt des frühkindlichen Autismus.* München Basel: Ernst Reinhardt Verlag.

Kuhles, H. (2007). *Autismus bei Kindern und Jugendlichen - Wege aus der Isolation.* Oldenburg: Paulo Freire.

Lang, M. (2003). Auswirkungen von Gestützter Kommunikation (FC) auf die Situation der Eltern. In M. Lang, & A. Koch, *Gestützte Kommunikation - gestütztes Handeln* (S. 77-83). Gießen: Weidler Buchverlag.

Möhring, S. (2001). *Gestützte Kommunikation bei Kindern und Jugendlichen mit einer autistischen Störung und mögliche Auswirkungen auf die Eltersituation.* Gießen.

Nagy, C. (Oktober 1996). Zu Prof. Kehrers Artikel "Kritische Gedanken zu FC". *Autismus* , S. 41-45.

Nußbeck, S. (o.A.. o.A. 2003). Replik zu Theo Klauß: "Ist FC eine klar widerlegte Methode?". *Heilpädagogische Forschung , 29* (1), S. 26-28.

Remschmidt, H. (2000). *Autismus: Erscheinugsformen, Ursachen, Hilfen.* München: Beck.

Rollett, B., & Kastner-Koller, U. (1994). *Praxisbuch Autismus - Ein Leitfaden für Eltern, Erzieher, Lehrer und Therapeuten.* Stuttgart, Jena, New York: Gustav Fischer Verlag.

Schneider, K. (2008). TEACCH - Praktische Kommentare zu den therotischen Grundlagen aus der Sicht einer Betroffenen. In M. Degner, & C. M. Müller, *Autismus. Besonderes Denken - Förderung mit dem TEACCH-Ansatz* (S. 287-299). Nordhausen: Verlag Kleine Wege.

Seidel, A.-K. (2009). *Zur Situation von Familien von jungen Erwachsenen mit frühkindlichem Autismus - Unter besonderer Berücksichtigung des Ablöseprozesses.* Marburg: o.A.

Thümmel, I., & Bober, A. (o.A.. o.A. 2000). Wieterführende Perspektiven in der Diskussion um die Gestützte Kommunikation. *Zeitschrift für Heilpädagogik* (12/00), S. 504-513.

Weber, D. (1970). *Der fürhkindliche Autimus unter dem Aspekt der Entwicklung.* Bern: Huber Verlag.

Wendeler, J. (1984). *Autistische Jugendlichen und Erwachsene - Gespräche mit Eltern.* Weinheim: Beltz.